GENEALOGIE

DE LA MAISON

DE WAROQUIER,

Seigneurs du Bos d'Alas d'Aniſy, dit *le Bos de Péelu, Viel-Dampierre, Freny, Signemont, Bleſme, le Freſne, Boudeaux, Leſclayoles, Saint-Arger, la Motte, Planques, la Mothe, Combles, Mericourt, Chartrelle, Saint-Affrique*, &c.

Dreſſée ſur Titres originaux & ſur des Jugemens des Cours Souveraines, Ordonnances des Commiſſaires & Intendans des Provinces, *&c.*

At ſimul heroum, laudes & facta parentum
Jam legere & quæ ſit poteris, cognoſcere virtus.

A PARIS,

De l'Imprimerie de la Veuve THIBOUST, Imprimeur du ROI, Place de Cambrai.

M. DCC. LXXXII.

1·VAROQUIER...
2·BEAUMONT...
3·D'ESNE.......
4·LOUVIGNY...
5·SOUASTRES...
6·CROISILLES...
7·LAMOTTHE...
8·CAUMONT...
9·VIGNACOURT.
10·BERNEMICOURT...
11·BELLEFORRIERE.
12·DUMOLINET....
13·THIBAULT.......
14·LETUSELIER....
15·MOREL........
16·PINON..........
17·HIEROSME......
18·CANLER..........
19·HARDY............
20·ALAIRE...........
21·PHELIPPE·DE·BILLY.
22·GALTIER..........
23·FLORIS...........
24·D'ALBIGNAC........
25·VAROQUIER........

GÉNÉALOGIE
DE LA MAISON
DE WAROQUIER.

INTRODUCTION A LA GÉNÉALOGIE.

La Maison de Waroquier, ou Varoquier, établie à *Saint-Affrique en Rouergue*, est originaire d'Artois, & quelques Historiens la font puînée de la maison *de Hersin*, audit Pays; ce que l'on pourroit affirmer, puisque la maison de Waroquier, dans son origine, portoit les mêmes armes que ceux de la maison de Hersin, dont ils ont eu de tout temps le nom pour *cri de guerre.* Quoi qu'il en soit, nous nous contenterons de dire que celle-ci ne le céderoit en rien à l'autre, qui est connue en Artois dès l'an 1153; car, selon une charte de l'Eglise de Marneil, à Arras, l'on voit un *Robert de Hersin*, Seigneur dudit lieu, avec *Asso de Hersin*, son frere, qui portent de *sinople à trois croissans d'argent.* On trouve dans le même temps un *Gui de Hersin*, Chevalier Croisilles, qui vivoit avec *Beaudouin de Hersin*; &, selon une charte du Monastere de *Saint-Eloy*, l'on voit un *Richelin de Hersin*, qui vivoit environ l'an 1175.

Selon les registres de *Saint-Barthelemy* de Béthune, & une charte d'Anchin, on voit un *Eustache de Hersin*, Chevalier, Seigneur dudit lieu, qui vivoit avec *Pierre de Hersin*, en 1202, & pareillement, selon une charte de l'*Abbaye de Choigny & de Saint-Barthelemy de Béthune*, cet *Eustache* vivoit encore en 1218, en 1219 & 1221.

Selon un compte de *Jean Billouard*, Tréforier, rendu en la Chambre, en 1322, on trouve un *Jean de Herſin*, Seigneur dudit lieu, dit neveu de B...de Rouy, & conçu en ces termes : *Joannes de Herſin*, nepos B.... de Royaco, 98 livres 2 ſols.

L'on trouve encore, en 1242, un *Robert de Herſin*, Ecuyer, Bailli de la Gorgue, lequel donna une quittance au Receveur de la ville de Douay, de 10 liv. qui lui revenoient, pour avoir gardé la fête de la Gorgue avec pluſieurs Gentilshommes d'armes dudit Pays.

Par un emprunt fait ſur les Gens des Trois-Etats, à Paris, en 1279, régnant PHILIPPE-LE-HARDI, ſe trouve PIERRE DE WAROQUIER, à 60 ſols, & les taxes étoient alors à 2 ou 3 ſols, & depuis *Petrus Waroquier, tenens cambium Regis*, & un compte de *Jean de Waroquier*, Receveur des amendes & forfaitures ſur les ennemis du Royaume, en 1297.

Par un extrait d'un rouleau en parchemin, contenant le nom des Chevaliers de la livrée de M. *de la Marche*, depuis Pâques 1321, qui fut Roi après CHARLES-LE-BEL, audit an, ſe voit parmi les Ecuyers, M. *Adam de Ver*, de Ver-Michelin de Saquenes, *Thevenin Waroquier*, *Jeannot Waroquier*, & *Renaud de Saint-Fiacre*, Valet tranchant de la Reine d'Angleterre, & *Polain*, Ecuyer de la Reine.

Par un extrait d'un ancien regiſtre, intitulé : *Secundus liber debitorum hoſpitorum & guerrarum Regis ad terminum nativitatis*, 1355, mal daté pour 1375, *Vincentius de Walricherii Magiſter requeſtarum*, 1371, *Oudardus de Ratii Miles*, &c. *partie ſeconde.*

Dernier extrait. Il ſe voit clairement que *Wauroquier* & *Wauriquier* n'eſt qu'un, & ſans doute *Vincent*, Maître des Requêtes, fut aïeul ou *biſaïeul de l'autre Vincent*, Archer.

Par Lettres du 16 Décembre 1358, l'on voit un *Robert de Waroquier*, Chevalier, Bailli de Caen, au Vicomté *de Cauderber*, pour ladite ville, où il lui ordonne de payer à *Jean le Roux* & *Girard du Temple*, *60 ſols* tournois, pour ouvrages & gages faits.

Ce *Robert de Waroquier* eſt ſans doute le même qui donna une quittance, le 8 Janvier 1371, à *Yuon Huart*, Receveur de la Vicomté de Caen, pour la ſomme de 41 liv. 13 ſ. 4 den. tournois, pour ſe payer de 500 liv. tournois, pour ſes gages de garde dudit Châtel, & dans laquelle il ſe qualifie Châtelain dudit Châtel de Caen.

Par Lettres du 16 Novembre 1370, *Robert de Waroquier* & *Roger le Maſnier*, Chevalier, & *Pierre Bourgeoiſe*, Pannetier du Roi, commis pour recevoir les montres & revues des Gens d'armes, &c. écrites à *Etienne Bracque*, Tréſorier des Guerres, laquelle ils lui envoyoient, ſous leur ſceel commun, *(qui eſt une main d'un côté & un chevron de l'autre)*.

L'original en parchemin d'un compte, en latin, au Roi PHILIPPE IV, *dit* LE BEL, en 1296, énonciatif de pluſieurs Chevaliers, Ecuyers, & autres, prouve la qualité de Chevalier donnée à *Anſelme de Waroquier*, en ces termes : *Anſelmo de Waroquier*, & *Johes de Caſtillano*, Milites.

Par une quittance donnée à Amiens, & ſcellée le 3 Février 1395, l'on voit que *Gilles de Waroquier* étoit Chevalier, Capitaine du châtel de l'Ecluſe, & qu'il a reçu de *Guillaume d'Orgemont*, Ecuyer, Tréſorier des Guerres, la ſomme de 325 liv. tournois, ſur les gages de lui Chevalier, & de treize Ecuyers de ſa compagnie.

Un *Jacques de Waroquier* acquit, en 1462, la Terre de *Chartrelle* avec *Beatrix Trillen*, fille de *Guillaume Trillen* & de *Jeanne Boiſel*, ſa femme, veuve, en premieres noces, *de Jean Colin*; en 1584, fut mariée *Nicole de Waroquier*, fille de *Jean de Waroquier*, Contrôleur des Guerres, & d'*Anne Moret*, à *Nicolas Jacquier*, Commiſſaire des Guerres.

Quoi qu'il en ſoit, de cette Maiſon, l'on verra clairement, par la Généalogie qui ſuit, que cette Maiſon eſt très-ancienne & noble, & quoique les guerres, qui ont ſouvent ravagé les Terres de ceux de ce nom (ce qui nous met dans l'impoſſibilité de remonter plus loin leur filiation, & de faire connoître les différentes branches qui en ſont ſorties, nous ne manquerons pas de faire connoître les différens degrés d'élévation où ceux de ce nom ſont parvenus depuis le douzieme ſiecle.

Les différentes Lettres des Rois, que conſerve cette famille, font aſſez connoître les ſervices qu'ils ont, de tout temps, rendus à l'Etat, comme on va le voir par celles qui ſuivent.

Lettre du Roi au Duc de Longueville, *en faveur* de Waroquier.

« Mon Couſin, ayant aviſé, pour aucunes bonnes conſidérations, d'ho-» norer de mon *Ordre de Saint-Michel*, le ſieur *de Waroquier*, mon Con-» ſeiller & Tréſorier de France à Paris, je vous ai fait expédier la dépêche » à ce néceſſaire, pour lui donner, en mon nom, le collier dudit Ordre de » Saint-Michel, que je vous envoie avec la lettre que je lui écris, laquelle » vous lui ferez remettre, en lui donnant avis du temps & du lieu où il aura » à ſe rendre pour recevoir ledit collier; & n'étant celle-ci pour autre ſubjet, » je prierai Dieu qu'il vous ait, mon Couſin, en ſa ſainte garde. Eſcrit à » Saint-Germain-en-Laye, le 6 Janvier 1643. *Signé*, LOUIS: *Et plus » bas:* DE L'OMENIE ».

Lettre du Roi à M. de Waroquier, *ſon Conſeiller - Tréſorier Général de France à Paris.*

« Monſ. *de Waroquier*, les ſervices que vous m'avez rendus en divers » lieux & importantes affaires, me donnent ſujeƈt de reconnoître vos vertus » & mérites, en vous honnorant du collier & Ordre de Saint-Michel, lequel » vous ſera donné par mon Couſin le Duc *de Longueville*, ſuivant la com-» miſſion que je lui en ai adreſſée à cet effet, m'aſſurant que ce témoignage » d'honneur vous obligera à continuer en la fidélité que vous debvez à mon » ſervice. Je prie Dieu vous avoir, Monſ. *de Waroquier*, en ſa ſainte » garde. Eſcrit à Saint - Germain - en - Laye, le 6 Janvier 1643. *Signé*, » LOUIS. *Et plus bas:* DE L'OMENIE ».

De par le Roi, Chef & Souverain de l'Ordre de Monſieur Saint-Michel.

« A notre très-cher & amé Couſin le Duc de *Longueville*, Pair de

» France, Chevalier de nos Ordres. Salut : les personnes de vertu la plus » épurée, n'ont jamais rien de plus cher que d'avoir la satisfaction de se » voir utiles à leur Prince & à leur Pays ; sous cette maxime ont vécu les » ancêtres de notre amé & féal Conseiller *François de Waroquier*, Ecuyer, » Trésorier de France & Général de nos Finances à Paris ; *François de Waroquier*, son bisaïeul, ayant donné des preuves de son courage dans les guerres » où il a eu emploi, comme ses peres avoient fait dans celles des Pays-Bas, » leur Pays natal, *François, son aïeul*, ayant fidélement servi dans toutes » les affaires qu'il a négociées pendant la régence de la Reine CATHERINE » DE MÉDICIS, de laquelle il a eu l'honneur d'être Secrétaire, & *René de* » *Waroquier*, mon Conseiller, son pere, ayant rendu plus de 20 années » de services à notre très-honoré Seigneur & Pere, & à Nous, en notre » Cour des Aides de Paris, en la Charge dont il est mort revêtu, & » en sa jeunesse, dans les armées ; & n'étant pas raisonnable que tant de » services demeurassent sans être recognus, ni que l'affection & fidélité avec » laquelle le sieur *de Waroquier*, imitant ses ancêtres, s'est comporté dans » plusieurs emplois considérables à lui donnés, demeurât sans marque d'hon- » neur ; & de notre approbation, nous avons avisé, en attendant autre récom- » pense, de le choisir pour être Chevalier de notre Ordre de Saint-Michel, » & étant nécessaire de commettre, pour cette cérémonie, quelqu'un des » plus notables Chevaliers, & considérant ne pouvoir mieux faire un plus » digne choix que de votre personne, pour lui donner le collier dudit Ordre. » A ces causes, nous vous avons commis & député, commettons & dépu- » tons par ces présentes, pour donner, de notre part, audict sieur *de Waro-* » *quier*, le collier de notre Ordre, prendre & recevoir de lui le serment, » en tel cas requis & accoutumé, & nous envoyer l'acte en la forme con- » tenue au Mémoire que nous vous envoyons. De ce faire, vous donnons » plein pouvoir, puissance & mandement spécial : car tel est notre plaisir. » Donné à Saint-Germain-en-Laye, le 6e jour de Janvier 1643. *Signé*, » LOUIS. *Et plus bas :* Par le Roi, Chef & Souverain dudit Ordre, DE » L'OMENIE. Et scellé. Et au dos est l'acte de réception ».

Cette Maison conserve, en original, un Arbre généalogique, remontant en 1241, attesté & signé par *Pierre-Albert de Launay*, Chevalier, Conseiller du Roi Catholique, Contrôleur-Général de son Artillerie & de ses Finances aux Pays-Bas, son Roi d'Armes ordinaire & Héraut du Duché de Brabant, & *Henri Prevost de Leval*, Ecuyer, Roi d'Armes ordinaire & Héraut de la Comté d'Artois ; ladite attestation en date du 3 Avril 1652, à Bruxelles, & scellé de leur sceau ; ladite attestation confirmée par *E. Labina de Baussen*, Conseiller, Roi d'Armes & Généalogiste de l'Empereur, en 1781, où l'on voit clairement que cette Maison est originaire d'Artois, & des plus nobles & anciennes dudit Pays.

GÉNÉALOGIE.

PREMIER DEGRÉ.

I. Messire JACQUES DE WAROQUIER, Chevalier, premier

auteur connu, dont on prouve une filiation suivie par titres authentiques, *portoit de sinople à trois croissans d'argent;* supports, *deux lions d'or*, *couronne de Marquis;* cimier, *un croissant*, *cri de guerre Herssin*, devise, *à jamais Waroquier.* Il vivoit en 1240. Il épousa, en 1241, Dame *Jeanne de Beaumont*, ou *Belmont*, qui portoit *de gueules au sautoir d'argent*, fille de *Jacques de Beaumont*, Seigneur dudit lieu, de l'illustre maison *de Beaumont*, qui subsiste aujourd'hui dans les branches *de Beaumont-Behorlegui* & *de la Châtre.*

La maison *de Croy*, ou *Crouy*, étant entrée dans celle *de Beaumont*, est perpétuée par les femmes dans la postérité de JEAN, ROI DE HONGRIE, duquel descendent les Princes *de Chimay*, ceux *de Croy* & d'*Havré* d'aujourd'hui; de cette maison *de Beaumont* est encore issue *Jeanne de Beaumont*, Comtesse de Fauquembergue, mariée à *Wautier de Vertaing*, dit *Fierbras*, de la maison *de Bousies-Vertaing*, & *Adrienne de Beaumont*, Dame de Roses, mariée, 1°. à *Jacques le Poivre;* &, 2°. à *Jean de Hainecourt*, Sieur de Layens; &, 3°. à *Henri de Lignieres*, Prévôt de Valenciennes; & *Rosette Beaumont*, femme, en 940, de *Beaudouin*, Sire de *Crequy.*

Quant à *Jacques de Waroquier*, il pouvoit être fils, ou frere de *Simon d'Amigny* & de *Robert de Waroquier*, freres, Ecuyers, Seigneurs du Bos d'Alas d'Anisy, dit le Bos de Péclu, dont ils firent échange avec noble & puissant *Anguerand*, Sire *de Coucy* & d'*Oisy*, (qui fut premier Amiral de France) au mois de Décembre 1284, suivant le titre original que l'on conserve dans la famille. De ce mariage, vint JACQUES, qui suit.

DEUXIEME DEGRÉ.

II. Messire JACQUES DE WAROQUIER, II. du nom, Chevalier, Seigneur de Planques, lequel mourut, en 1270, & fut inhumé en sa Terre. Il avoit épousé Demoiselle *Marie d'Esne*, *qui porte de sable à 10 losanges d'argent posées* 3, 3, 3 & 1, fille de *Pierre d'Esne*, Seigneur dudit lieu, & de Dame *Marie de Courrieres*, dont étoit *Jeanne d'Esne*, femme d'*Antoine de Sainte-Aldegonde*, fils d'*Albert de Sainte-Aldegonde*, Chevalier, tué à la bataille de Nicopolis, en 1669, & de *N.... de Mailly*, & *Isabeau d'Esne*, Dame de Saint-Crepin, femme de *Wautier de Bousies-Vertaing*, en 1335, & aussi *Robert d'Esne*, Gouverneur du Château de Coucy, en 1411, pour *Charles*, Duc d'*Orléans*, & pareillement *Antoinette d'Esne*, morte en 1606, fille d'*Adam d'Esne*, Seigneur de Betencourt, & de *Bonne de la Laing*, après s'être mariée à *Antoine de Roisin*, Seigneur de Rongies, &c. dont le petit-fils, nommé *Beaudri de Roisin*, Baron de Selles, épousa *Maximilien-Albert de Gand.* De ce mariage sont issus: — 1. JACQUES, qui suivra; — 2. & PIERRE, qui suit.

TROISIEME DEGRÉ.

III. Messire PIERRE DE WAROQUIER, fut marié, en 1290, à Demoiselle *Jeanne de Louvigny*, dont les armes sont de *gueules au lion d'argent*, *l'écu semé de billettes de même*, fille de *Jacques de Louvigny*, Seigneur dudit lieu.

PIERRE mourut, en 1295, laissant de son mariage, 1. PIERRE DE WAROQUIER, Religieux, qui portoit ses armes *écartelées au 1 & 4 de sinople à trois croissans d'argent, au 2 & 3 de Louvigny*, comme il appert par l'Arbre généalogique, dressé par le *Heraut d'armes;* 2. COLART DE WAROQUIER, mort sans alliance, en 1330: il portoit ses armes *écartelées au 1 & 4 de Waroquier, au 2 & 3 de Louvigny, sur le tout d'Esne;* 3. JACQUES, qui suit.

QUATRIEME DEGRÉ.

IV. Messire JACQUES DE WAROQUIER, III. du nom, Ecuyer, fut fait Chevalier & Capitaine, sous le Duc HEUDES DE BOURGOGNE, & se signala ès années 1317 & suivantes, comme on le voit dans le jugement fait par les Princes & Prélats de France, lors de la querelle de PHILIPPE V, avec ledit sieur Duc, dans lequel bannissement sont compris, entr'autres, Chevaliers & Capitaines, comme *Hector de Saveuse*, JACQUES DE WAROQUIER, Messire *Jean de Poix*, Messire *Charles l'Albert, Matthieu des Prés*, le sieur *de Saint-Leger*.

Ledit JACQUES DE WAROQUIER épousa Dame *Marie de Souastres*, dont les armes sont *de sinople freté d'argent de six pieces*, fille de Messire *Beaudouin*, Chevalier, Seigneur de Souastres, & de Dame *Isabelle de Caumont;* elle étoit sœur ou tante de *Marie de Souastres*, fille de *Beaudouin*, II. du nom, Seigneur de Souastres, & de *Marguerite de Rely*, mariée à *Guyon de Beaufort*, Seigneur de Mets, &c.

JACQUES mourut, en 1325, & son épouse, en 1335. Ils gissent en l'Eglise de Souastres, où l'on voit leur sépulture, comme il en est fait mention dans la fondation de la Chapelle de Souastres.

De leur mariage, sont venus, 1. JEAN, qui suit; 2. Dame JEANNE DE WAROQUIER, qui épousa Messire *Collart*, Sieur *de Ranchicourt*, Chevalier, dont les armes sont *d'argent au chevron de gueules*, accompagné *de trois tourteaux de même*, lequel pouvoit être neveu d'*Isabeau de Ranchicourt*, marié, en 1267, à *Jean de Carency de Bethune*, Seigneur de *Planques-Despreaux*, &c. & pareillement neveu d'*Alix de Ranchicourt*, marié à *Hugues de Carency de Bethune de Planques*, Seigneur de Vendin, en 1294; 3. Dame MADELEINE DE WAROQUIER, qui épousa Messire *Jacques de Saint-Aubin*, Chevalier, Seigneur dudit lieu, lequel mourut en 1360, & dont les armes sont *d'or au chef de gueules.* Il pouvoit être aïeul ou bisaïeul de *Philippe de Saint-Aubin*, I. du nom, lequel épousa *Marguerite de Mailly*, Dame *de Wavrans*, de laquelle il eut *Philippe de Saint-Aubin*, marié à Demoiselle *Marguerite de Beurieres*, & de laquelle étoit *Catherine de Saint-Aubin*, mariée, en 14.. à *Michel de Molambais.*

CINQUIEME DEGRÉ.

V. Messire JEAN DE WAROQUIER, I. du nom, Ecuyer, fut fait *Chevalier d'Artois*, & Capitaine de Beaumont, par EUDES IV, Duc de Bourgogne, pour s'être signalé entre ledit sieur Duc & ROBERT D'ARTOIS, Comte

de

de Beaumont-le-Roger, devant Saint-Omer, au mois de Juillet de l'an 1340, qui lui donna pour armes d'*azur à une main dextre d'argent apaumée & posée en pal*, *au lieu de sinople à trois croissans d'argent*. (Ce fait a été vérifié dans les registres de l'Empire par les Généalogistes de l'Empereur, & par M. l'Abbé *Ghesquieres*, Historiographe de l'Empereur, en la présente année 1781).

Ce JEAN DE WAROQUIER, Chevalier, donna une quittance à *Jean Chauvel*, Trésorier des Guerres, sur ce qui lui étoit dû pour ses gages de Capitaine *de Beaumont*, trois Ecuyers & huit Sergens de pied de sa compagnie d'Enseigne, ès guerres de Gascogne, en la garde de ladite ville, du 12 Novembre 1346; savoir, pour droitement, 65 sols tournois, pour poignée 21 sols tournois, pour banniere 7 sols, par la main de *Raoul de Lisle*, son Lieutenant, en cinq parties, 124 livres tournois, ce qui faisoit 129 livres 3 sols, dont il donna quittance, le 22 Avril 1350, où se voient encore aujourd'hui les *armes ci-dessus*, *ornées du mantelet & casque de Chevalier*, &c.

JEAN DE WAROQUIER épousa Dame *Jeanne de Croisilles*, qui porte de *gueules à dix losanges d'or*, *posées* 3, 3, 3 & 1, fille de Messire *Pierre de Croisilles*, Chevalier, Seigneur dudit lieu, & de Dame *Marie Veronnier*.

JEAN mourut, en 1360, & fut inhumé en l'Eglise d'Arras, laissant de son mariage : — 1. JEAN, qui suit; — 2. PIERRE DE WAROQUIER, mort sans alliance, en 1351; — 3. JACQUES, mort de même; — 4. MARIE DE WAROQUIER, qui fut mariée à *Jacques de Hesecques*, Ecuyer, Seigneur de Hericourt, qui portoit *d'or à trois faces d'azur*, *chargées d'un chevron de sable*, *brochant sur le tout*.

SIXIEME DEGRÉ.

VI. Messire JEAN DE WAROQUIER, II. du nom, Chevalier, lequel donna une quittance, le 2 Décembre 1351, à honorable & sage homme *Guillaume Chaslots*, Receveur de Bourges, de 4000 liv. que le Roi avoit donné à JEAN DE WAROQUIER, Chevalier, son pere, & à plusieurs autres Chevaliers, Ecuyers & autres Prisonniers des ennemis Anglois, pris à Saintes, & cela pour aider de payer leur rançon, &c.

JEAN vivoit encore en 1419; il fut tué au siége de Melun, en 1420, après avoir épousé Dame *Jeanne de la Motte*, ou *la Mothe*, Dame héritiere dudit lieu, qui porte *d'or au croissant d'azur*, *enfermé d'un double trescheur fleuronné & contre-fleuronné de sinople*, fille de *Jacques de la Motte*, Ecuyer, Seigneur dudit lieu, & de Dame *Agnès de Crescey*. Il pouvoit être oncle ou cousin de *Jean de la Motte*, lequel eut une fille, nommée *Isabeau de la Motte*, mariée, en 1439, à *Agneux de Bailloeul*, & pareillement oncle de *Jeanne de la Motte*, mariée, en 14.. à *Gautier de Maulde*, fils de *Hugues de Maulde*, Chevalier, & de *Jeanne Naudion*.

HENRI, Roi de France & d'Angleterre, donna un mandement à la Chambre des Comptes en faveur de *Jeanne de la Motte*, par lequel il ordonna que la somme de 214 liv. tournois, fut allouée & comptée à ladite veuve *Woroquier*, à prendre & recevoir sur la recette de Sens, le 3 Mai 1425.

De leur mariage sont issus : — 1. JEAN, qui suit; — 2. Demoiselle

JEANNE DE WAROQUIER, qui épousa *Jacques de Beaucourroy*, Ecuyer, dont les armes *sont d'argent au lion de sable écartelé de Crequi*; — 3. Demoiselle BARBE DE WAROQUIER, qui épousa *Baudouin de Crane*, dont les armes sont *d'hermines à la bande de gueules, chargée de trois boucles ou fermeaux ardillonnés d'or*, d'une famille qui a donné alliance à *Guillaume de la Corhuuse*, fils de *Charles*, Chevalier, Seigneur dudit lieu, & dont la fille *Anne de la Corhuuse* épousa *Eloy Mazin*, Seigneur de Couderberg, Capitaine d'une compagnie libre de 300 hommes de troupes Wallons, au service de Sa Majesté Catholique, & de laquelle est issue *Jeanne de Crane*, qui épousa *Antoine de Brouilly*, duquel elle eut *Antoine de Brouilly*, tué à la bataille d'Azaincourt, en 1415, après avoir épousé *Jeanne de Ghistelles*, & dont est issu aussi *N.... de Crane*, marié, en 1200, à Dame *N.... Roose*, fille de *Wautier Roose*, Député de la Noblesse de Flandres.

SEPTIEME DEGRÉ.

VII. JEAN DE WAROQUIER, Chevalier, III. du nom, Seigneur de la Motte, rendit de grands & mémorables services à la bataille de Guinegatte, où il perdit la vie, en 1479, comme il appert par l'Ordonnance d'*Antoine des Essars*, ci-dessous mentionnée. Il avoit épousé Dame *Jeanne de Caumont*, ou *Caulmont*, dont les armes *sont de gueules à trois molettes d'éperon de cinq pointes d'or, l'écu semé de croix recroisettées, au pied fiché de même*, fille de *N.... de Caumont*, Chevalier, Seigneur de *Caulincourt* & de *Courricourt*, De ce mariage sont venus: — 1. LOUIS, qui suit; — 2. JACQUES; — 3. & VINCENT, dont il est parlé dans l'Ordonnance du sieur *des Essars*, & dont on ignore la destinée.

HUITIEME DEGRÉ.

VIII. Noble LOUIS DE WAROQUIER, Ecuyer, Seigneur *de la Motte* & *de Mericourt*, Lieutenant de 50 hommes d'armes, & Maître-d'Hôtel du Roi, comme il appert par une Ordonnance d'*Antoine des Essars*, Seigneur de Thieu, &c. Maître Général Réformateur des Eaux & Forêts de France, du 5 Juillet 1482, pour laisser prendre audit LOUIS DE WAROQUIER, Maître-d'Hôtel du Roi, & à JACQUES & VINCENT DE WAROQUIER, ses freres, hommes d'Ordonnances de Sa Majesté, sous la charge & conduite de *Gui d'Amboise*, Seigneur d'Aubijoux, certains bois de haute-futaie, & autres chênets à faire marais, à édifier ou en disposer à son profit, à les avoir & prendre ès forêts de *Cuissé*, *Halatte*, *Pommeraye* & *Fiurine*, au Bailliage de Senlis, ès lieux même dommageables, pour le Roi notre Sire, & plus aisés & profitables pour lesdits *Waroquier*, dont Sa Majesté leur avoit fait don, par Lettres y mentionnées, en considération des grands & notables services qui avoient été faits à Sa Majesté par le défunt sieur leur pere; ladite Ordonnance donnée à Paris, sous le scel dudit office, au jour & an que dessus; & par un rôle de montre du dernier Août 1485, on voit que lesdits JACQUES & VINCENT DE WAROQUIER, étoient hommes d'armes de Sa Majesté, sous la charge dudit *Gui d'Amboise*.

Ledit LOUIS DE WAROQUIER est peut-être le même qui est mentionné dans l'épitaphe d'un FRANÇOIS DE WAROQUIER, Sieur *de Viel-Dampierre*, qui est à Saint-Germain-l'Auxerrois, où il est dit fils de LOUIS DE WAROQUIER, Sieur de Freny.... Signemont, Blesme, Viel-Dampierre, le Frense, Gentilhomme ordinaire de la Chambre du Roi, Gouverneur de la Ville & Citadelle de Vitry-le-François, mort le 30 Décembre 1500, &c.

LOUIS DE WARQQUIER fut marié à noble D^lle *Marie de Wignacourt*, ou *Vignacourt*, qui porte d'*argent à trois fleurs-de-lys de gueules au pied coupé*, fille de Messire *Louis*, dit *Sohier*, Seigneur de *Wignacourt* & de *Dourton*, Chevalier, & de Dame *Alix de Bernemicourt*, dont les armes sont d'*azur au chef d'argent écartelé de Belleforiere*, sœur de *Guislain de Wignacourt*, Seigneur de *Dourton*, Chevalier, marié à Dame *Louise de Pronville*, Dame *de Bugnastre*, & pareillement sœur de *Marguerite de Wignacourt*, femme, en secondes noces, de *Pierre de Bonnieres*, Seigneur de Souastres, Chevalier, & aussi sœur de *Jean de Wignacourt*, Seigneur de Berlettes, marié à *Isabeau de Pronville*; elle avoit pour 10e aïeule *Charlotte de la Viesville*, mariée à Messire *Huon de Wignacourt*, Seigneur dudit lieu, lesquels vivoient en 1209. Elle étoit aïeule d'*Alof* & bisaïeul d'*Adrien de Wignacourt*, tous deux Grands-Maîtres de Malte, & d'elle viennent les alliances avec la Maison Royale *de Bourbon*, celles *de Montmorency*, *Mailly*, *la Porte*, *des Princes de Ligne*, *Barbançon*, *Crequi*, *Croy*, *Tencques*, *Saveuse*, *Nedonchel*, *Courcol*, *Poix*, *Dubois*, *Drucat*, *Beaudreliques*, *le Vasseur*, *Andenfort*, *Deps*, *Villesbrulin*, *Beauvais*, *Berghes*, *Villiers-de-l'Isle-Adam*, *Lannoy*, *Luxembourg - Bournel*, *Saint-Omer*, *Beauffort*, *Bellestac*, *Noailles*, *Bours*, *Croix*, *Conpigny*, *du Chastel*, *Froissies*, *Fiennes*, *Grincourt*, *Gouffier*, *Gallo-Salamanca*, *Houchin*, *Hornes*, *Hoston*, *Licques*, *Maizieres*, *Morel*, *Ostrel*, *Paille*, *Renersé*, *Sars*, *Tige*, *la Vieuville*, *Villersbrulin*, &c. &c.

De son mariage est issu WAAST, qui suit; & d'autres enfans, dont on ignore la destinée.

NEUVIEME DEGRÉ.

IX. Noble homme WAST, ou WAAST DE WAROQUIER, Ecuyer, Seigneur de la Motte & de Mericourt, qui *écarteloit ses armes de celles* de Wignacourt, *ayant pour supports deux licornes d'argent*, *pour cimier un croissant d'argent*, &c. fut premiérement homme d'armes de M. *de Moyencourt*, puis Capitaine d'une Compagnie d'hommes d'armes des anciennes Ordonnances, mourut des blessures reçues au siége de Saint-Pol en Artois, & voulut être inhumé en l'Eglise des Nones de Saint-Michel de Doulens en Picardie, en la sépulture de Demoiselle *Marie de Wignacourt*, sa mere, où se voit son épitaphe. Il fit son testament devant *Adrien Morel*, Notaire à Doulens, le 25 Août 1537. Il avoit été marié à noble Demoiselle *Marie du Molinet*, qui porte d'*argent à trois annilles*, *ou fers de moulin de sable*, & qui fut son héritiere, fille de *N..... du Molinet*, Seigneur d'Archicourt, lequel étoit frere de *Guillaume du Molinet*, Procureur-Général en la Chambre des Comptes de Paris, & elle étoit sœur de *Jean du Molinet*, Seigneur d'Archicourt, Ecuyer, homme d'armes, qui ſuccéda à WAST, ſon beau-frere, dans la commiſſion de Capitaine, comme il le demanda par ſon teſtament. Elle étoit auſſi couſine ou niece de *Marie du Molinet*, femme de *Jean Cauchon*, Seigneur de Dugny, laquelle avoit pour ſœur *Marie du Molinet*, mariée à *Jacques Cauchon*, Seigneur de Vernezay & de Dugny, Vicomte de Louvois, & d'elle viennent les alliances avec les maiſons de *Duval*, *de la Croix*, *d'Orléans-Rothelin*, *la Malmaiſon*, *Plancy*, *Aigret*, *Chery*, *l'Archer*, *Monceaux*, *Potier de Geſvres*, *Seiglieres*, *Montmorency*, &c.

De ce mariage eſt venu FRANÇOIS, qui ſuit.

DIXIEME DEGRÉ.

X. Noble FRANÇOIS DE WAROQUIER, I. du nom, Ecuyer, Seigneur de Mericourt, premiérement, homme d'armes d'une Compagnie d'Ordonnances, puis Commiſſaire ordinaire des Guerres & de l'Artillerie de France, ſous les Rois FRANÇOIS I. & HENRI II. dès l'an 1543, mourut de fievre chaude, ou maladie d'armée, lorſqu'il venoit pour ſe rendre en Cour, & fut inhumé au Prieuré de Saint-Nicolas d'Arcy, près Senlis, le 24 Août 1554, où l'on voit encore aujourd'hui ſon épitaphe.

Il fut marié, par contrat paſſé devant *Iſaac Cagnier* & *Florent Cleret*, Notaires royaux en la Prévôté & Châtellenie de Compiegne, le 9 Octobre 1532, à noble Demoiſelle *Anne Thibault de Sery*, qui porte *de gueules à la face d'argent, chargée de trois merlettes de ſable*, fille de noble *Laurent Thibault*, Ecuyer, Seigneur de Sery, ou Cery, & de Beaurain en Valois, Lieutenant-Général à Compiegne, & de noble Demoiſelle *Marie Morel*, dont les armes ſont d'*azur à la face d'argent, chargée de trois quintes-feuilles de gueules, & accompagnée de trois molettes d'éperon de ſix pointes d'or.*

Les parens qui ont ſigné pour le ſieur DE WAROQUIER, ſont Meſſire *Charles*, Seigneur de Wignacourt & de Dourton; Meſſire *Jean de Wignacourt*, Seigneur de Berlettes; Meſſire *Pierre Courcol*, Seigneur de Vaillancourt, Sieur Doncy, Meſſire *Louis de Crequy*, Seigneur de Vriolant, tous couſins du côté de *Marie de Wignacourt*, leur biſaïeule parternelle, & de noble homme Meſſire *Gervais du Molinet*, Conſeiller & Procureur-Général en la Chambre des Comptes de Paris; de *Jean du Molinet*, Ecuyer, Seigneur de la Pillardiere; *Louis du Molinet*, Sieur d'Arcicourt, couſins maternels.

Les parens qui ont ſigné pour la Demoiſelle, ſont Meſſire *Nicolas Thibault*, Ecuyer, Conſeiller du Roi en ſa Cour du Parlement, couſin-germain du pere; Meſſire *Nicolas Thibault*, Ecuyer, frere; noble *Etienne Morel*, Seigneur de Dombernaud, couſin maternel; & Demoiſelle *Anne Thibault Danton*.

Demoiſelle *Anne Thibault* obtint une commiſſion des Commiſſaires établis par le Roi en la Chambre du Tréſor au Palais à Paris, pour faire commandement aux Elus de Compiegne & Greffiers de l'Election, de lui délivrer, à elle veuve DE WAROQUIER, les acquêts par elle produits ſur les comptes par elle rendus devant leſdits Elus, le 9 Juin 1556.

L'on voit encore, par un extrait des regiſtres des Commiſſaires ordonnés par le Roi, pour juger en dernier ressort en la Chambre du Trésor au Palais à Paris, &c. que les Commissaires ont renvoyé devant Sa Majesté *Pierre Coffin*, *Gilles Poultier* & *Feron de Bussin*, pour leur être pourvû, ainsi que de raison, en faveur de ladite veuve *de Waroquier*, à l'effet de représenter les pieces par lesquelles il paroît être dû la somme de 137 liv. 6 s. 11 den. audit FRANÇOIS DE WAROQUIER, pour avances concernant la levée des chevaux & charriots. D'elle viennent les alliances avec les maisons *de Vé*, *l'Escrivain*, *la Cavelle*, *le Fuselier*, *Deschamps*, dit *Morel*, *Garges*, *Kerromp*, *Pochon*, *de Guenins*, *Rouhault de Gamaches*, *Montmorency-Thouy*, *Longeuil*, *Villiers de Marchecreux*, *Chaulny*, *Laval*, *Roquetun-la-Tour*, *Briçonnet*, *Besançon*, *Antonis*, *du Molinet*, *Monceaux*, *Potier de Gesvres*, &c.

De ce mariage est issu FRANÇOIS, qui suit.

ONZIEME DEGRÉ.

XI. Noble homme FRANÇOIS DE WAROQUIER, ou VAROQUIER, II. du nom, Ecuyer, Seigneur de Mericourt & de Combles, fut sous la tutele de sa mere, après la mort de son pere. Il renonça à la succession des biens de son pere, le 31 Octobre 1564; (ce fut lui qui le premier vint habiter Paris) il fut Secrétaire de la Reine CATHERINE DE MEDICIS, par brevet donné à Saint-Romain, le 1 Août 1569; Secrétaire par provision, les Lettres données, le 13 Décembre 1577, en considération des négociations importantes qu'il avoit reçues, pour laquelle charge il prêta serment entre les mains de M. *Martin de Beaune*, Abbé de Cotlons, Chancelier de la Reine, le 19 Janv. 1578. C'est de lui que parle *Mezeray*, en son Histoire de France, *tome III*, *pag.* 538 *& suiv.* de laquelle est extrait ce qui suit. C'est sur l'année 1685, lors de l'entreprise du Duc d'*Anjou* sur Anvers, où tout le monde sait qu'il perdit la confiance des siens, & y ruina ses affaires, ainsi qu'il est rapporté dans les annales de la ville de Malines, où l'on trouve l'embassade du sieur DE WAROQUIER.

« D'autre part, cette nouvelle étant venue en France, la Reine Mere, » véritablement touchée de la honte de son fils, dont elle étoit cause en » partie, lui envoya, pour le consoler & le servir en ce désespoir, FRANÇOIS » DE WAROQUIER DE MERICOURT, son Secrétaire, dont elle avoit éprouvé » l'adresse & la capacité en ses plus épineuses affaires, lui donnant ordre d'aller » par après vers les Etats, & d'essayer, en communiquant privement avec les » principaux, d'adoucir les aigreurs & de pallier la faute; car, comme il étoit » originaire d'une ancienne maison de ce Pays-là, & qu'il y avoit des particulieres habitudes, elle voyoit qu'il y seroit reçu avec moins de défiance, » & plus favorablement écouté qu'un autre ».

Il fut marié deux fois; 1°. par contrat passé en l'Hôtel de Messire *Guillaume du Molinet*, Procureur-Général en la Chambre des Comptes, l'acte reçu par *Gohier* & *Mahués*, Notaires à Paris, le 6 Août 1564, à noble Demoiselle *Claude Pinon*, (qui porte *d'azur au chevron d'or*, *accompagné de trois pommes de pin*, *de même écartelé au 2 d'azur au chevron d'or*, *chargé de trois quintes-feuilles de gueules*, *accompagné en chef de deux étoiles d'or, & en pointe d'une tête licorne d'argent, qui est de Hierosme au 3 d'or à la bande d'azur, chargée de trois chandeliers d'or, qui est de Canlers*) née le 15 Octobre 1540, filleule de M. *de Longeuil*, Avocat au Parlement, & de Demoiselles *Boucher* & *Godefroy*, fille de Messire *Simon Pinon*, Ecuyer, Seigneur de Bardillon, Conseiller.... & de Demoiselle *Anne Hierosme*.

Les parens qui ont signé pour le sieur DE WAROQUIER, sont noble *Anne Duval*, cousine par son mari, Messire *Guillaume du Molinet*, Procureur-Général, &c. & Messire *Robert du Molinet*, ses cousins, &c.

Ont signé pour la Demoiselle, noble homme *Raoulin le Boulanger*, Ecuyer, oncle par sa femme; Demoiselle *Geneviéve Guiberteau*, tante par son mari; Demoiselle *Charlotte Charmolue*, cousine par son mari.

Claude Pinon, étoit sœur de *Jean Pinon*, Conseiller-Auditeur des Comptes, marié à Demoiselle *Marie Bourdereuil*, fille d'*Ambroise Bourdereuil* & de *Marguerite du Verdier*, & cousine-germaine de Messire *Jacques Pinon*, Sieur de Doncy & de Vitry, &c. décédé Doyen des Conseillers du Parlement, & Conseiller d'Etat, en 1641, âgé de 76 ans, illustre par sa piété comme par sa science, après avoir épousé *Jeanne le Peutre*, & petite-niece de Messire *Laurent Pinon*, Evêque d'Auxerre, en 1434. Elle donne aux WAROQUIER les alliances avec les maisons de *Canlers, Fortet, Galard de Pointville, Arnaud, le Bret, Cardaillac-la-Chapelle, Chevalier, Damas d'Anlezy, Massol, le Roux, Macquart, Marion-Druy, Montmorency-Thouy, Ricouart d'Herouville, Charpentier, Piedefer, Machault, le Noir, Marny, Hobier, Biet de Maubranche, Balsac d'Antraigues, du Val-Fontenay, Lomenie de la Ville-aux-Clercs, Pluvinel, Montescot, le Maistre, Dudivé, Guiberteau, Corail de Rouville, Creil, Cuigy d'Orginal, Picot, Aligre*, &c.

FRANÇOIS DE WAROQUIER, veuf de *Claude Pinon*, décédée le 26 Février 1573, conclut l'inventaire de son épouse, le 13 Janvier 1581; il passa un contrat, le 1 Mai 1584, devant *Barin*, & son Confrere, Notaires à Paris; il passa un contrat de constitution de rente devant *Bergeron*, & son Confrere, Notaires à Paris, le 1 Mars 1586; passa un 3e contrat chez les mêmes, le 12 Août 1586; il assista au contrat de mariage de *Jean Pinon*, son beau-frere, l'acte reçu par *Herbain* & *le Normant*, Notaires, le 13 Décembre 1587. Il épousa en secondes noces, le 11 Décembre 1580, Dame *Marguerite Chapellier*, dont les armes *sont d'or au chevron de gueules, chargé de trois roses d'argent, & accompagné de trois fleurs d'aube-foin d'azur*, tante paternelle de Madame la premiere Chanceliere d'*Aligre*, & pareillement grande-tante du Chancelier d'*Aligre*, dernier décédé, & aussi grande-tante de Madame la Chanceliere *le Tellier*, mere de M. le Marquis *de Louvois*, Ministre & Secrétaire d'Etat, &c. Il est décédé le 15 Octobre 1618, & a été inhumé en la sépulture de *Claude Pinon*, son épouse, en l'Eglise Saint-Nicolas-des-Champs, où se voit son épitaphe, & *Marguerite Chapellier* est décédée le 22 Janvier 1610, a été inhumée en la sépulture de MM. *de Saint-Cyr*, ses ancêtres, au cimetiere des Saints-Innocens, près la Chapelle d'*Orgemont*.

Du premier mariage sont issus RENÉ, qui suit; & AUGUSTIN DE WAROQUIER, Ecuyer, Seigneur de Combles, né le 15 Juillet 1567, filleul de Messire *Georges d'Anets*, Auditeur en la Chambre des Comptes, son cousin, & de Messire *Jean Pinon*, son oncle, & de noble Demoiselle *Charlotte Charmolue*, sa cousine, décédé sans alliance, le 27 Octobre 1596, âgé de 29 ans, & inhumé au cimetiere des Saints-Innocens, en la sépulture de MM. *Pinon*, ses ancêtres.

DOUZIEME DEGRÉ.

XII. Noble RENÉ, ou REYNE DE WAROQUIER, Ecuyer, Seigneur de Combles, né le 19 Novembre 1565, filleul de Messire *Reyne de Canlers*, & de *Claude Gilles*, Conseillers du Roi & Auditeurs en sa Chambre des Comptes, ses cousins, & Demoiselle *Anne Duval*, sa cousine. Il fut d'abord destiné à l'état Ecclésiastique, comme on le voit dans les Lettres données par M. *de Gondy*, Evêque de Paris, du 4 Février 1573, mis sous la tutele de son pere, ayant pour curateur Messire *Jean Pinon*, son oncle, par acte dressé le 15 Décembre 1580, par Messire *Jacques Poussenay*, Conseiller du Roi au Châtelet de Paris, successivement homme d'armes de la Compagnie de M. le Duc d'*Angoulême*; s'est trouvé, en cette qualité, au siége d'Amiens, comme il appert par son certificat de service, du 1 Avril 1620, puis Conseiller du Roi & Payeur des gages de MM. de la Cour des Aides, après Messire *Jacques du Vivier*, par contrat passé devant *Hogier* & *Chapelain*, Notaires, le 22 Septembre 1607, puis retenu Secrétaire ordinaire de la Chambre du Roi, par brevet donné à Paris par M. *de Bellegarde*, Grand-Ecuyer de France, le 30 Septembre 1612; il transigea avec les héritiers de Messire *Robert Allaire*, oncle de sa femme, par contrat passé devant *Nourry* & *Perrier*, Notaires, le 17 Mai 1618; il passa un autre contrat devant *Mahue*, & son Confrere, le 3 Mars 1618; il reçut un exploit, conjointement avec Demoiselle *Marie Bourdereuil*, veuve de *Jean Pinon*, à lui donné par *Mangrand*, Huissier, le 7 Novembre 1622; il fit un contrat de constitution de rentes sur les Gabelles, le 17 Novembre 1621, &c. fut marié (par contrat passé devant *Mahue*, & son Confrere, Notaires au Châtelet de Paris, le 21 Décembre 1607, célébré à Saint-Jacques-de-la-Boucherie, le 27 Janvier 1608) à noble Demoiselle *Françoise Hardy*, qui porte d'*azur au lion d'or armé & compassé de gueules*, fille de Messire *Claude Hardy*, Ecuyer, Sieur de Lestourville, Conseiller au Châtelet de Paris, & de noble Demoiselle *Marguerite Allaire*, dont les armes sont *de gueules au chevron d'or, accompagné de trois papillons d'argent*; celle-ci sœur de *Robert Allaire*, Conseiller d'Etat, & fille de *N.... Laisné de Bruyeres*.

Françoise Hardy avoit pour troisieme aïeule *Simone Chartier*, fille de *Jean Chartier*, Sieur Donton & de Rochefort, issu d'*Alain Chartier*, qui épousa *Siphene le Maire*, mariée à *Marc Hardy*, Sieur d'Auteville; pour bisaïeule *Simeone David de Saint-Pelavi*, mariée à *Pierre Hardy*, Ecuyer, Sieur d'Auteville; pour aïeule *Jeanne Chassinat*, mariée à *Etienne Hardy*, Ecuyer, Sieur d'Auteville; & pour sœurs, 1°. *Marie Hardy*, femme de *Michel le Vayer*, Conseiller au Châtelet; 2. *Anne Hardy*, femme de *Claude le Chapellier*, Seigneur de Saint-Cyr; 3°. *Claude Hardy*, femme de *Jacques Bouvilliers*, & pour frere, *Sebastien Hardy*, Ecuyer, Seigneur de Lestourville & de la Tabaise, Conseiller & Receveur des Tailles du Mans, marié à Demoiselle *Marie Belot Despontis;* elle étoit cousine-germaine de *Claude Hardy*, Ecuyer, Grand-Audiencier de France & Maître des Comptes, marié à Demoiselle *Susanne Picot*, & elle donne aux *Waroquier* les alliances avec les maisons *de Molé, Montholon, Bruslart, Bourdin, Brousses, d'Oviat, Velbert, Hardy-la-Trousse, le Noir, Boisherpin, Bailleul, la Pallu, Mauroy, Guiberteau, Potier de Nouvion, Nandor, Portehors, Pingré, le Fevre, le Bossu, Goullon, Belot, le Breton*, &c.

RENÉ DE WAROQUIER est décédé le 23 Juillet 1627, & son épouse le 1 Mars 1637, âgés tous deux de 62 ans : ils sont inhumés à Saint-Nicolas-des-Champs, où sont leurs épitaphes; & de leur mariage est issu FRANÇOIS, qui suit.

TREIZIEME DEGRÉ.

XIII. Messire FRANÇOIS DE WAROQUIER, III. du nom, Ecuyer, Seigneur de Mericourt, né & batisé en la Paroisse Saint-Nicolas-des-Champs, le 7 Avril 1612, filleul de Messire FRANÇOIS DE WAROQUIER, son grand-pere, & de Demoiselle *Anne Pingré*, sa tante, lequel a été successivement Conseiller du Roi, Trésorier de France Général des Finances, Grand-Voyer en la Généralité de Paris, le 6 Mai 1636, dont il a prêté serment entre les mains de M. le Chancelier de France, le 9 dudit mois, reçu en la Chambre des Comptes, le 19 Juin, & au Bureau des Finances, le 30 Juin de la même année; nommé Commissaire pour le Roi pour juger des malversations à la levée de l'emprunt, en vertu d'Arrêt des Lettres-Patentes de l'année 1636; Commissaire Général pour les subsistances, en 1639; Commissaire pour le Roi pour l'exécution de la Déclaration de Sa Majesté, portant révocation des Annoblis, Exempts, Privilégiés & Commenceaux en la Généralité de Paris, en 1641; nommé Chevalier de l'un des Ordres du Roi, le 6 Janvier 1643, comme nous l'avons dit ci-dessus, *pag.* 5, reçu après ses preuves de Noblesse, & après avoir fait le serment accoutumé, le 21 Octobre 1643; Commissaire avec M. *de Montescot*, Intendant de Justice en la Généralité de Paris, pour régler la conduite des Troupes & distribuer les étapes en ladite Généralité, le 10 Avril 1644, par provision de Lettres signées LOUIS, & plus bas *le Tellier*, & scellées; il a obtenu des Lettres en forme de confirmation de Noblesse, au mois de Mai 1647, registrées au Bureau des Finances, le 9 Décembre 1649, visées en la Cour des Aides, le 13 Octobre 1649, & depuis paraphées d'*Hozier;* nommé Maître-d'Hôtel ordinaire du Roi, par provision de Lettres, du 12 Août 1649, signées LOUIS, & plus bas par la *Reine régente*, sa mere; pour laquelle place il prêta serment entre les mains de Monseigneur le Prince DE CONDÉ, Grand-Maître de France, le 22 dudit mois; nommé Commissaire, pour la seconde fois, pour le réglement des Troupes, avec pouvoir de nommer les Capitaines & Lieutenans dans les Régimens, par Lettres données, le 16 Janvier 1651, signées LOUIS, & plus bas *le Tellier;* Commissaire, pour la troisieme fois, en 1653, puis Conseiller d'Etat, en 1656, en considération des services qu'il avoit rendus à Sa Majesté & au Roi LOUIS XIII, particuliérement près les Provinces d'Italie, dès l'année 1634, maintenu,

maintenu, par ordre du Roi, en sa charge de Conseiller-Trésorier de France, par Lettres d'honneur données par Sa Majesté, le 3 Avril 1656, regiſtrées au Bureau des Finances, & depuis paraphées d'*Hozier*; confirmé en sa Noblesse & dignité de Chevalier de Saint-Michel, par M. *de Sourdis*, le 25 Novembre 1663, lors de la premiere suppression des Chevaliers; confirmé, pour la seconde fois, en ladite dignité, le 28 Avril 1665, par Lettres signées LOUIS, & plus bas *le Tellier*, & depuis paraphées d'*Hozier*; confirmé, pour pour la troisieme fois, en 1666, & alors les Chevaliers furent réduits à 50; reçu Président au Bureau des Finances, le 14 Juin 1667, puis premier Président audit Bureau.

Il fut marié (par contrat passé devant *Pierre Fieffé* & *Guillaume Duchesne*, Notaires à Paris, le 18 Janvier 1647) à noble Demoiselle *Marie Phelippe de Billy*, qui porte d'*argent au chevron de gueules, accompagné de trois glands & de trois olives couplés & liés ensemble de sinople au chef d'azur, chargé de trois étoiles d'or, écartelé d'un vairé d'argent & d'azur à trois faces de gueules, sur le tout de gueules à la croix dentelée d'argent*, fille de Messire *Vincent Phelippe*, Ecuyer, Seigneur de Billy & de Bonainville, Conseiller du Roi, Doyen des Auditeurs en sa Chambre des Comptes, & de Dame *Marie le Clerc*, dont les armes sont *de gueules à trois molettes d'or, posées 2 & 1, à la bordure engrêlée d'argent.*

Les parens qui ont signé pour le sieur DE WAROQUIER, sont Messire *Charles Pinon*, Seigneur de Quincy & de Villeneuve, Conseiller du Roi en ses Conseils, & Maître des Requêtes ordinaire de son Hôtel, cousin paternel; Messire *Pierre Pinon*, Chevalier, Seigneur de Châtillon, Conseiller & Maître-d'Hôtel ordinaire du Roi, Trésorier Général de France à Paris, cousin paternel; Messire *Etienne Macquart*, Ecuyer, Conseiller, Secrétaire du Roi, Maison & Couronne de France, cousin paternel; Messire *Claude Hardy*, Conseiller de Sa Majesté en ses Conseils, & Maître ordinaire en sa Chambre des Comptes à Paris, cousin-germain maternel; Messire *Sebastien Hardy*, Ecuyer, Sieur de la Croix-de-Pierre en Vendômois, Conseiller de Sa Majesté & Trésorier de France à Paris, cousin-germain maternel; noble homme *Regnault de Mauroy*, Conseiller, Secrétaire du Roi, Maison & Couronne de France, & Auditeur en sa Chambre des Comptes, cousin maternel, & parent de la Demoiselle, pour laquelle ont signé *Vincent Phelippe*, Ecuyer Sieur de Longeau, frere; Messire *Nicolas de Bailleul*, Chevalier, Seigneur de Vattetot & de Torsy, &c. Conseiller de Sa Majesté, & Président en sa Cour de Parlement, cousin paternel; Messire *Nicolas de Tudert*, Abbé de Saint-Georges-sur-Loire, Doyen de l'Eglise de Paris, & Conseiller du Roi en ses Conseils & en sa Grand'Chambre du Parlement, parent paternel; Messire *Jean Phelippe*, Ecuyer, Conseiller de Sa Majesté, & Trésorier des Gardes-du-Corps, oncle paternel; noble homme *Jacques de Montrouge*, Sieur de Courgousson, ancien Echevin de Paris, grand-oncle maternel; Messire *Julien le Bret*, Seigneur du Mesnil, oncle paternel; noble homme *Philippe de Parades*, Conseiller de Sa Majesté, & Contrôleur des Gages du Parlement, oncle paternel; noble homme *Louis de la Vergne*, Conseiller de Sa Majesté, & Trésorier des Gardes-du-Corps, oncle paternel; Messire *Marc le Bou-*

langer, Chevalier, Seigneur de Vervins, Quincampoix, &c. Conseiller de Sa Majesté en ses Conseils, premier Président en la quatrieme Chambre des Enquêtes, & Prévôt des Marchands de cette Ville, cousin paternel; Messire *Pierre de Hodicq*, aussi Conseiller du Roi en ses Conseils, & premier Président en la cinquieme Chambre des Enquêtes, cousin maternel; *Antoine Ollains*, Ecuyer, Seigneur de la Ferriere, cousin-germain paternel; noble homme Messire *Pierre Abelly*, Avocat au Parlement, cousin paternel, &c. & d'elle viennent les alliances avec les maisons *de Compain*, *Sapin*, *Cardon-Anglure*, *Marentin*, *Targer*, *Ferrary*, *le Comte*, *Saint-Simon*, *Maillebois*, *Seve*, *Vion*, *Neau*, *Brou*, *Duvivier*, *Biet*, *Lottin*, &c.

FRANÇOIS DE WAROQUIER est décédé en Décembre 1699, âgé de 89 ans 5 mois 3 jours, & a été inhumé à Saint-Nicolas-des-Champs, en la sépulture de *Marie Phelippe*, décédée, le 8 Janvier 1663, où se voient leurs épitaphes, laissant de son mariage: 1. LAURANCE; & 2. LOUIS, dont on parlera; 3. FRANÇOIS-AUGUSTE, qui a continué la postérité; 4. DENISE, née le 17 Octobre 1654, décédée jeune; 5. VINCENT, né le 27 Octobre 1643, décédé jeune; 6. MARIE-CAMILLE, née le 14 Avril 1646, décédée jeune; 7. HENRIETTE-MARIE, née le 10 Septembre 1647, décédée jeune; 8. CLAUDE, né le 14 Octobre 1648, décédé jeune; FRANÇOIS-JULIEN, né le 26 Janvier 1650, décédé jeune; 10. JEAN-FRANÇOIS, décédé jeune; 11. MARIE-FRANÇOISE, décédée jeune; 12. MARIE DE WAROQUIER, Religieuse Ursuline au Couvent d'Argenteuil, le 6 Novembre 1680.

QUATORZIEME DEGRÉ.

XIV. FRANÇOIS-AUGUSTE DE WAROQUIER, I. du nom, Chevalier, né le 31 Juillet, & batisé le 4 Août 1658, en la Paroisse Saint-Louis-en-l'Isle-Notre-Dame à Paris, filleul de Messire *Etienne Macquart*, Ecuyer, Conseiller du Roi, Maison, Couronne de France & de ses Finances, son cousin paternel, & de Dame *Claude Peroult*, sa cousine-germaine, à cause de M. *de Noau*, son mari; il a été successivement Lieutenant de Cavalerie au Régiment d'Arnolfiny, le 2 Novembre 1677; puis Cornette dudit Régiment, par brevet donné à Versailles, le 10 Mars 1684; Lieutenant réformé de Cavalerie, entretenu par Sa Majesté, par Ordonnance donnée à Fontainebleau, le 15 Novembre 1684; Lieutenant de la Compagnie de *Durollet*, en 1689; Lieutenant de la Compagnie des Chevaux-Légers *de Jouve*, par brevet donné à Versailles, le 4 Janvier 1690; puis Lieutenant de Cavalerie au Régiment de la Reine, en 1690, & Capitaine-Lieutenant dudit Régiment.

FRANÇOIS-AUGUSTE a transplanté sa famille à Saint-Affrique en Rouergue, où il s'est marié à noble Demoiselle *Susanne de Galtier de Montagnol*, qui porte *de gueules à trois rochers d'échiquier d'or à la bordure crênelée de six pieces de même*, fille de noble *Pierre de Galtier*, Seigneur de Montagnol, Conseiller du Roi & Juge de Saint-Affrique, & de Dame *Madeleine de Gallot*, dont les armes sont *d'or au léopard couronné d'azur*, par contrat passé devant *Antoine Rames*, Notaire à Saint-Affrique, le 11 Mai 1692, célébré en l'Eglise paroissiale, le 12 Mai 1693.

Susanne de Galtier étoit sœur de *Gédeon de Galtier*, Capitaine d'Infanterie au Régiment de Castelnau; elle avoit pour grand-oncle maternel Messire *Isaac Hebert*, Evêque & Comte de Vabres, & pour bisaïeule paternelle noble *Jeanne de Maillac de Vessac*, ou *Magalas*, laquelle étoit niece ou tante d'une d'*Arpajon*; elle donne aux *Waroquier* les alliances avec les maisons *de Roquefeuil*, *la Salle*, *la Roquemeurel-Saugnac*, *Sedage*, *Comeiras*, *Gissac*, *Duteil*, *Puesages*, *Rocozel-Fleury*, *Coulot*, *Golatrave*, *Alagrin*, *Rudelles*, *la Panouse*, *Noailles*, &c.

FRANÇOIS-AUGUSTE transigea avec son pere, conjointement avec son frere, le 20 Avril 1693; l'acte reçu par *Monneral* & *Coullon*, Notaires à Paris; il fut maintenu dans sa Noblesse par M. *Sausan*, Intendant à Montauban, le 20 Mars 1697; ses armes registrées le 16 Juin 1700; il renonça, conjointement avec son frere & sa sœur, à la succession de défunt son pere, constituant son Procureur à cet effet Me *François Pillos*, Procureur au Châtelet; l'acte reçu par *Torinon* & *Vast*, Notaires à Paris; il partagea les biens de son pere avec son frere & sa sœur, par acte reçu par *Raymond*, Notaire à Paris; il fut maintenu dans sa Noblesse, conjointement avec son frere, par MM. les Commissaires-Généraux, les Lettres données à Paris, le 8 Juillet 1706; il est décédé, le 21 Décembre 1736, âgé de 78 ans, inhumé en l'Eglise de Saint-Affrique, en la sépulture de Demoiselle *Susanne de Galtier*, son épouse, décédée le 4 Décembre 1728, laissant pour enfans: — 1. LOUIS, Ecuyer, décédé sans alliance, le 19 Mai 1756, âgé de 50 ans; — 2. FRANÇOIS-AUGUSTE, qui suit; — 3. JEAN-BATISTE, qui suivra.

QUINZIEME DEGRÉ.

XV. Noble & puissant Seigneur Messire FRANÇOIS-AUGUSTE DE WAROQUIER, II. du nom, Chevalier, Sieur de Mericourt, &c. né le 26 Fév. & batisé le 3 Mars 1708, audit Saint-Affrique, filleul de noble *François de Galtier*, son oncle, & de noble Demoiselle *Madeleine de Waroquier*, sa sœur. Il a été d'abord destiné à l'état Ecclésiastique dès l'âge de sept ans; pourvu d'un Canonicat de ladite ville, à l'âge de treize ans; puis il a servi successivement en qualité de Cadet dans le Régiment de Puisieulx, Cavalerie, en 1728; il a fait, en cette qualité, toutes les campagnes d'Allemagne; il a été griévement blessé au siége de Philisbourg; puis fait Sous-Lieutenant dans le Bataillon de Milice de Rodès; successivement Lieutenant dudit Bataillon, en 1743; puis Aide-Major au Bataillon de Cahors, en 1744; Major d'Infanterie, comme il appert par un acte de constitution en faveur de LOUIS-CHARLES, son fils; l'acte reçu par *François Crebassa*, Notaire Royal à Saint-Affrique, le 28 Juillet 1781; il a suivi, en ces qualités, toutes les campagnes de ce temps-là; puis il a été réformé, en 1748, à la paix d'Aix-la-Chapelle, & s'est marié (par contrat passé, le 12 Mars 1749, contrôlé, le 12 Mai 1763, chez *Crebassa*, Notaire à Saint-Affrique, célébré le 27 Mars 1749) à Dame *Elisabeth de Floris*, qui porte *d'or au lion de sable armé, & lampassé de gueules à une guirlande de fleurs pour bordure*, fille de Messire *Pierre Lafleur*, dit *de Floris*, Ecuyer, Seigneur de la Caselle & du Pujols, &c. ancien Lieutenant au Régiment de Tiraqueau, auparavant Sous-Lieutenant en celui de Froulay, lequel, après avoir quitté le service, s'est fait recevoir Avocat en Parlement, & de Dame *Elisabeth d'Albignac de Ferrieres-d'Arre*, qui porte *d'azur à trois pommes de pin d'or, au chef de même;* celle-ci fille de noble *Gabriel d'Albignac*, Ecuyer, Seigneur de Ferrieres, Baron d'Arre, Capitaine au Régiment de Rouergue, & sœur de noble *Gabriel d'Albignac*, &c. marié à Dame *Madeleine de Chapelain de Bedes.*

Elisabeth de Floris donne aux *Waroquier* les alliances avec les maisons *de Lacam; Foubesse, Massals;* dont aujourd'hui un Comte de Brioude, *de Veisieres, Fabregues, Dupuy-Montbrun-Mommejan, Solages, Rocozel-Fleury, Gineslous, Duclaux, Montvaillant, Beauvoir, Caladou, Belcastel, Lauzieres, d'Alboy-Montrozier, Raymond, Arnal, Gironde de Bellegarde*, &c.

De ce mariage sont issus: 1. PIERRE-FRANÇOIS, qui suit; 2. LOUIS-CHARLES, qui suivra; 3. Noble Demoiselle PONCE-LAURANCE DE WAROQUIER *de Mericourt*, née le 22 Octobre 1752, batisée le 26 dudit mois, filleule de Messire *Pons de Fleury*, Marquis de Rocozel, Maréchal des Camps & Armées du Roi, Grand-Croix, Commandeur & Officier de l'Ordre Royal & Militaire de Saint-Louis, Commandant & Gouverneur du Roussillon, & de Mont-Louis, son parent paternel & maternel, & de Dame *Laurance Treton de Raviere*, sa cousine; 4. Noble Demoiselle ELISABETH-SUSANNE-URSULE DE WAROQUIER *de Mericourt*, dite Mademoiselle *de Baldassé*, née le 29 Mai, batisée le 31 dudit mois 1756, audit Saint-Affrique; 5. Noble JEAN-FRANÇOIS DE WAROQUIER, *dit* le Chevalier *de Combles*, né le 1 Novembre 1760, décédé jeune, &c.

SEIZIEME DEGRÉ.

XVI. Noble & puissant Seigneur Messire PIERRE-FRRANÇOIS DE WAROQUIER, Sieur *de Mericourt*, dit le Marquis DE WAROQUIER, né le 27 Juillet, batisé le 29 dudit mois 1750, filleul de noble Demoiselle *Anne d'Albignac de Ferrieres-d'Arre de Roquairol*, sa grand-tante, Chevau-Léger de la Garde ordinaire du Roi, en 1765, après avoir fait ses preuves de Noblesse; arrivé au grade de Capitaine de Cavalerie, en 1780. Il a subi la réforme que le Roi a faite de sa Maison, le 15 Décembre 1775, avec 210 liv. de pension, par brevet donné à Versailles, le 1 Janvier 1779, signé LOUIS; & plus bas, *Gravier de Vergennes*, en attendant son remplacement, &c.

SEIZIEME DEGRÉ.

XVI. Noble & puissant Seigneur Messire LOUIS-CHARLES DE WAROQUIER, Chevalier, Sieur *de Mericourt* & *de Combles*, dit le Comte DE WAROQUIER, né le 20 Juin 1757, a fait ses preuves pour être admis dans les Troupes de Sa Majesté, pardevant M. *Cherin*, & depuis preuve de trois cens ans de Noblesse, pour être reçu Ecuyer de main du Roi pardevant M. d'*Hozier*.

Branche des Seigneurs de SAINT-AFFRIQUE.

QUINZIEME DEGRÉ.

XV. Noble & puissant Seigneur Messire JEAN-BATISTE DE WAROQUIER,

Seigneur & Gouverneur pour le Roi de la Ville de Saint-Affrique, où il eſt né, le 17 Octob. 1713; a ſervi ſucceſſivement dans ſa Cavalerie en qualité de Cadet; puis il eſt entré dans les Gardes-du-Corps, Compagnie *de Villeroy;* arrivé au grade de Capitaine de Cavalerie, en 1764; fait Chevalier de Saint-Louis, en 1766; il s'eſt marié, en 17.. à Demoiſelle *Catherine de Galtier de Montagnol du Terrier*, ſa couſine-germaine, décédée en 1776, laiſſant pour enfans: 1. JEAN-BATISTE-BARTHELEMI, qui ſuit; 2. FRANÇOIS-AUGUSTE-GÉDEON, *dit* le Chevalier DE WAROQUIER; 3. JEAN-LOUIS, *dit* l'Abbé DE WAROQUIER; 4. CATHERINE-LAURANCE, éelvée à Saint-Cyr, & mariée à noble *Amans-Charles de Vigouroux* Ecuyer, Seigneur de Barry & Baron d'Avieu; 5. CATHERINE, *dite* Mademoiſelle *de Fontenay;* 6. FRANÇOISE, élevée à Saint-Cyr; 7. SUSANNE-LAURANCE, *dite* Mademoiſelle *de la Motte;* 8. & LOUISE-GENEVIÉVE DE WAROQUIER.

SEIZIEME DEGRÉ.

XVI. Noble & puiſſant Seigneur Meſſire JEAN-BATISTE-BARTHELEMI DE WAROQUIER, Chevalier, né le 14 Mars 1754, élevé à l'Ecole Royale Militaire, Chevalier de Saint-Lazare au ſortir de l'Ecole; Chevau-Léger de la Garde du Roi, en 1771; Ecuyer de main du Roi, après avoir fait preuve de trois cens ans de Nobleſſe à la place de M. le Comte *de Stuart;* reçu après avoir prêté ſerment entre les mains de Monſeigneur le Prince *de Condé*, en 1780.

Enfans du treizieme degré.

QUATORZIEME DEGRÉ.

XIV. Noble LOUIS DE WAROQUIER, Sieur *de Mericourt*, né & batiſé en l'Egliſe Royale de Saint-Paul à Paris, le 9 Janvier 1645, filleul de Meſſire *Louis de Bailleul*, Chevalier, Seigneur de Soiſy, Conſeiller du Roi en ſa Cour du Parlement, alors Préſident-à-Mortier en ſurvivance de ſon pere, couſin de la mere du batiſé, & de dame *Marie le Clerc*, ſa grand-mere. Il a été ſucceſſivement Page de la Chambre de M. le Duc *de Guiſe;* puis deux ans Cadet au Régiment des Gardes-Françoiſes, Compagnie *de Pradel;* Enſeigne au Régiment de Sully, *dit* Caſtelneau, le 6 Janvier 1666; Lieutenant d'Infanterie dans le Régiment des Vaiſſeaux du Roi; puis Capitaine audit Régiment, après la bataille de Senef, par la démiſſion de M. *de Cramand*, par Ordonnance du Roi, donnée à Verſailles, le 6 Septembre 1674; puis Capitaine des Chevaux-Légers, décédé ſans avoir été marié.

QUATORIEME DEGRÉ.

XIV. Noble Demoiſelle LAURANCE DE WAROQUIER, (fille de FRANÇOIS & de MARIE PHELIPPE) née le 9 Juillet 1653, batiſée en la Paroiſſe de Saint-Louis-en-l'Iſle-Notre-Dame de Paris, le 19 Janvier 1654, filleule de Madame *Laurance de Clermont*, veuve du dernier Connétable *de Montmorency*, ſa couſine, & de M. le Marquis *de Wignacourt*, dit *Aloj de Wignacourt*, frere d'*Adrien*, Grand-Maître de Malte, ſes couſins paternels. Elle a été mariée (par contrat passé devant *Gallois* & *Bouset*, Notaires à Paris, le 25 Octobre 1682) à Messire *Charles Treton*, Conseiller du Roi en sa Cour des Aides, dont les armes sont *d'azur à trois étoiles à cinq pointes d'argent posées 2 & 1*. (Voyez Armorial général, coté Paris, *pag. 612*.) fils de Messire *Marc Treton*, Ecuyer, Conseiller, Secrétaire du Roi, Maison & Couronne de France & de ses Finances, & de Dame *Françoise Cordier*.

Les parens qui ont assisté pour la Demoiselle, sont Demoiselle DENISE-ANGÉLIQUE DE WAROQUIER, sœur; Messire JEAN-JULIEN-PHELIPPE DE BILLY, Conseiller du Roi en sa Cour du Parlement, premiere Chambre des Enquêtes, oncle maternel; Dame *Madeleine de Ferrary*, tante; haut & puissant Seigneur Messire *Nicolas Potier*, Chevalier, Seigneur de Novion, Conseiller du Roi en tous en ses Conseils, premier Président en sa Cour du Parlement, parent paternel; haut & puissant Seigneur Messire *Louis de Bailleul*, Chevalier, Marquis de Château-Gontier, Conseiller du Roi en tous ses Conseils, Président-à-Mortier en ladite Cour, cousin maternel, à cause de Dame *Marie Habert*, son aïeule; haut & puissant Seigneur Messire *Jean de Longeuil*, Chevalier, Marquis de Maisons, aussi Conseiller du Roi en tous ses Conseils, Président-à-Mortier audit Parlement, cousin paternel; haut & puissant Seigneur Messire *Nicolas le Camus*, Chevalier, Seigneur de la Grange, Conseiller du Roi en tous ses Conseils, premier Président en sa Cour des Aides, cousin paternel, à cause de Dame *Marie de la Barre*, sa mere; haut & puissant Seigneur Messire *François d'Argouges*, Chevalier, Marquis du Plessis-Patté, Conseiller d'Etat ordinaire & ci-devant premier Président au Parlement de Bretagne, cousin maternel; Messire *Pierre-Janvier du Maine-blanc*, Chevalier, Vicomte de Bois-Herpin, cousin paternel, à cause de Dame *Michelle de la Barre*, sa mere; *Dominique-Vincent-Phelippe de Billy*, Ecuyer, cousin-germain maternel; Messire *Antoine-Hardy Clix*, Conseiller du Roi en sadite Cour du Parlement, cousin-paternel; Messire *Jean le Boulanger*, Chevalier, Conseiller du Roi en ses Conseils, Maître des Requêtes ordinaire de son Hôtel, cousin maternel; Messire *Galliot Gallard*, Chevalier, Seigneur de Pointville, aussi Conseiller du Roi en ses Conseils, Maître de Requêtes ordinaire de son Hôtel, cousin paternel, à cause de Dame *Marie Macquart*, son épouse; Messire *Nicolas le Clerc de Lesseville*, Chevalier, Président ès Enquêtes de la Cour, cousin maternel; Messire *Jean de Longeuil*, Chevalier, Seigneur de Sens, Conseiller audit Parlement, cousin maternel; Messire *Henri Chapellier*, Avocat-Général honoraire en ladite Cour des Aides, cousin paternel; Messire *Charles-Auguste le Clerc de Lesseville*, Chevalier, Seigneur de Saillancourt, Conseiller du Roi au Châtelet, cousin maternel; Dame *Madeleine Lotin*, Epouse de Messire *du Vivier*, cousine-germaine maternelle. De ce mariage est venue *Laurance Treton*, mariée à Messire *François de Raviere*, Conseiller honoraire en la Cour du Parlement, dont les armes sont *d'azur à trois étoiles d'argent, posées 2 & 1*, laquelle est décédée au mois de Mars 1765, sans postérité.

Branche des Seigneurs de PLANQUES.

TROISIEME DEGRÉ.

III. Messire JACQUES DE WAROQUIER, Chevalier, Seigneur de Planques, (fils de JACQUES & de Demoiselle *Marie d'Esne*) portoit *de sinople à trois croissans d'argent, posés 2 & 1*; pour supports *deux lions d'or armés & lampassés de gueules, l'écu timbré d'un casque de profil, sommé d'une couronne de Marquis, ayant pour* cimier *un croissant, & pour* devise, A JAMAIS WAROQUIER. Il fut marié à Dame *Michelle de Liancourt*, qui portoit *d'azur à trois jumelles d'or écartelé de gueules, à la bande fuselée d'or*, fille de *François de Liancourt*, & de Dame *Jeanne Huldeberge*, de laquelle est issu JEAN, qui suit.

QUATRIEME DEGRÉ.

IV. Messire JEAN DE WAROQUIER, Chevalier, Seigneur de Planques, marié à Dame *Marie de Crespioeuil*, qui portoit *d'azur à l'aigle employé de gueules, becqué & membré d'or*, fille de *Jacques de Crespioeuil*, Chevalier, Seigneur dudit lieu, & de Dame *Jeanne de Proissy*, de laquelle famille étoit *Charles de Crespioeuil*, Seigneur de Bricque, marié à *Pasquette de Beauffort*, & *Marguerite de Crespioeuil*, mariée à *Jean d'Orstrel*, dit *de Lierres*.

De ce mariage vint: 1. JEAN DE WAROQUIER, Ecuyer, Seigneur de Planques, mort sans alliance; 2. Demoiselle ANNE DE WAROQUIER, décédée de même; &, 3. Dame JEANNE DE WAROQUIER, Dame héritiere, après son frere, de la Terre de Planques, mariée à Messire *Pierre d'Applaincourt*, Seigneur dudit lieu, dont les armes sont *d'azur à la croix d'argent, chargée de cinq croissans, montans de gueules, posés* 1, 3 & 1. De ce mariage est issu, au second degré, Messire *Jacques d'Applaincourt*, Chevalier, qui mourut à la bataille d'Azincourt, en 1415, avec le Seigneur d'*Applaincourt*, son pere, & *Jean*, Seigneur d'*Applaincourt*, fut fait Chevalier à la prise de Pont-Audemer, en 1449, où furent tués deux de ses Gentilshommes, appellés *Jean Dumesnil* & *Ferri Clabault*. La branche aînée de cette Maison est tombée en quenouille dans la Maison d'*Estampes*, où *Sarra*, Dame d'*Applaincourt*, fille & héritiere de *Jean*, Seigneur d'*Applaincourt*, & de *Bethencourt*, & de *Barbe d'Ongnies*, *de Chaunes*, porta la Terre d'*Applaincourt* en mariage à *Jean d'Estampes*, Seigneur de Valancay, Chevalier des Ordres du Roi.

Walerand d'Applaincourt est qualifié Ecuyer, Seigneur de Thiensloye, & *Jean d'Applaincourt*, Seigneur de Hardecourt, dans le procès-verbal de la Coutume de *Montdidier*, en 1567, où *Barbe d'Ongnies*, mere de *Sarra*, est aussi nommée. *Charles d'Applaincourt*, Seigneur dudit lieu, fut marié, en 1484, à *Isabeau de Sailly*, qui porte *d'argent au lion armé, couronné & lampassé d'azur*, fille de *Jean VIII*, Sire de *Sailly*, & d'*Isabeau de Montbleru*.

FRANÇOIS-AUGUSTE DE WAROQUIER, porte ses armes *tiercées, ce qui forme huit quartiers, au* 1 de Wignacourt, *au* 2 du Molinet, *au* 3 de Thibault, *au* 4 de Pinon, *au* 5 de Hardy, *au* 6 de Phelippe de Billy, *au* 7 de

Galtier, *au* 8 de Floris, *sur le tout* DE WAROQUIER; pour supports *deux licornes d'argent, l'écu timbré d'un casque de fasce d'argent, grillé & bordé d'or, orné de ses lambrequins;* cimier *un lion couronné couronne de Marquis, tenant un écu de sinople à trois croissans d'argent, le lion accosté de deux demi-vols aussi d'argent, cri de guerre* HERSIN, devise : *recta ubique & sic & cor,* devise qui, selon *la Colombiere*, convient fort bien à leur nom & à leurs actions.

Le Comte DE WAROQUIER porte *d'azur à la main dextre d'argent posée en pal, écartelé d'argent à trois fleurs-de-lys de gueules, au pied coupé & nourri;* pour supports *deux Anges vêtus de robes blanches, tenant chacun une banniere, celle à droite aux anciennes armes de sa Maison, & la gauche aux armes de l'écu, l'écu sommé d'une couronne Ducale, ayant un casque de fasce d'argent grillé & liséré d'or, orné de ses lambrequins, couronné d'une couronne de Comte, de laquelle sort un croissant d'argent, accosté de deux demi-vols de même; le casque accosté de deux autres casques de profil, pour marque de l'ancienne Chevalerie de sa maison, ornés de leurs lambrequins; le casque à droite sommé d'une couronne de Vicomte, ayant* pour cimier *un lion naissant d'or, & la gauche sommé d'une couronne de Marquis, ayant* pour cimier *une licorne naissante d'argent;* la devise : recta ubique & sic & cor, *écrite sur un oriflamme, cri de guerre* HERSIN.

Voyez, sur cette Famille, le trophée d'armes héraldiques, par le sieur *de la Coste, pag.* 85; la Science des Armoiries, par *Palliot, pag.* 443; l'Etat de la Noblesse de France, de 1781 & 1782; le Calendrier des Princes, 1768 & 1769; l'Armorial général de France, chez *Lamy*, 1782; les Statuts de Saint-Michel; *la Colombiere, pag.* 408 & 604; le Parlement de Paris, par *Blanchard, pag.* 60 & 100; le Promptuaire Armorial, *pag.* 236; les origines du Chevalier *Flemichel;* le Recueil des Hérauts d'armes de Flandres des anciennes Maisons nobles des Pays-Bas; *Menestrier*, les Etats de la France; le Traité de la Noblesse *de la Roque*; le Martyrologe des Chevaliers de Malte; l'Armorial universel.

www.ingramcontent.com/pod-product-compliance
Ingram Content Group UK Ltd.
Pitfield, Milton Keynes, MK11 3LW, UK
UKHW032031260826
14628UKWH00006B/2868

9 782012 94378